ALLES MEINS!
ODER
10 TRICKS, WIE MAN ALLES KRIEGEN KANN

ERZÄHLT VON NELE MOOST

MIT BILDERN VON ANNET RUDOLPH

Esslinger

Es war einmal ein kleiner Rabe. Den hätte man wirklich gern haben können, wenn man nicht immer alles vor ihm hätte im Schrank verstecken, festhalten, anbinden oder wegschließen müssen.
Und selbst das hatte keinen Zweck. Irgendwann landete jeder Schatz im Rabennest. Der kleine Rabe konnte nicht anders, er musste alles haben.
Einmal hatte der Igel seinen Teddy nur kurz vor die Höhle gesetzt. Schwupps, war der kleine Rabe da, und dann war der Teddy weg! GEKLAUT!
Seitdem passten die Tiere natürlich besser auf ihre Sachen auf.
Da musste sich der kleine Rabe schon allerlei einfallen lassen:

„Meine nagelneuen Rollschuhe kriegst du nicht", dachte das
Wildschwein, als der Rabe neben ihm herflog und von Eis,
Pudding, Schokolade und Nüssen schwärmte. Nach und nach
bekam das Wildschwein einen Riesenhunger.
„Ach, übrigens", sagte der Rabe plötzlich, „wenn du Eicheln magst,
da oben auf dem Hügel liegen besonders saftige." Da konnte das
Wildschwein nicht länger widerstehen. Es rannte sofort den Hügel
hinauf. Aber ohne Rollschuhe, das wäre zu mühselig gewesen.
Und die Rollschuhe? Die waren dann natürlich im Rabennest.
Die Eule blinzelte und griff gelassen nach ihrer goldenen Kette.
Auf so ein plumpes ABLENKUNGsmanöver würde sie niemals
hereinfallen.

Aber der kleine Rabe hatte sich schon einen anderen Trick überlegt. Er setzte sich zu ihr auf den dicken Ast und sagte: „Nein, was ist das für eine schöne Kette. Und wie sie glitzert und funkelt. Sie steht dir aber auch so gut wie niemandem sonst."

Die Eule fühlte sich sehr geschmeichelt. Großzügig bot sie ihm an: „Hier, du darfst sie einmal umhängen."

Das tat der Rabe auch, und weg war er und mit ihm die Kette. „Solch ein falsches LOB würde ich sofort durchschauen", dachte der Hase, der unter einem Ast lag. Wohlig kuschelte er sich in sein samtiges Kissen.

Schon kam der Rabe, stupste den Hasen mit dem Schnabel an und
krächzte: „He, wenn du nicht sofort verschwindest, dann hau ich
dir eins hinter die Löffel."
Leider war der Hase etwas ängstlich. Er nahm die Beine in die
Hand und rannte, was das Zeug hielt. Ohne Kissen. Das hatte jetzt
der kleine Rabe.
Der Fuchs fand die Szene sehr komisch. Ihm zu DROHEN, das
würde niemand wagen. Er zog seine Spieluhr auf und lauschte
der schönen Musik. Das tat der kleine Rabe auch.

Als der Fuchs kurz in seinem Bau verschwand, flatterte der kleine
Rabe herbei und legte die Spieluhr lahm. Er lockerte einfach ein
kleines Schräubchen.

Dem Fuchs sagte er dann: „Du, ich glaube, die Spieluhr ist kaputt."
„Das wollen wir doch erst mal sehen", erwiderte der Fuchs und
zog die Spieluhr auf. Aber die Spieluhr blieb stumm, so viel er sie
auch schüttelte und dagegenklopfte.

„Wirf sie weg!", kommandierte der Fuchs und stieß die Spieluhr
von sich. Schnell nahm der kleine Rabe den neuen Schatz mit in
sein Nest und drehte das Schräubchen fest.

Das Schaf hatte den Trick beobachtet. „Meine nagelneue
orangene Mütze wirst du nicht KAPUTTMACHEN", dachte es.

Doch schon hatte der kleine Rabe die neue Mütze entdeckt und hockte sich neben das Schaf.

„Du hast es gut, du hast eine richtig warme Mütze. Dabei brauchst du sie gar nicht. Du hast so ein dickes Fell, und ich friere entsetzlich. Ach, wenn ich doch auch etwas hätte, womit ich mich wärmen könnte." Dabei schlotterte der kleine Rabe vor Kälte und faltete bittend seine Flügel.

„Na ja", dachte das Schaf, „wenn er mich so lieb bittet. Sehr dringend brauche ich die Mütze ja nicht." Und damit hatte der kleine Rabe eine nagelneue, orangene Mütze.

„Mit BETTELN ist bei mir kein Blumentopf zu gewinnen", knurrte der Wolf und grinste.

Er hatte gerade ein supertolles Feuerwehrauto bekommen. Der kleine Rabe aber guckte ganz erstaunt und sagte: „Ach, das hätte ich nicht gedacht, dass du noch mit Autos spielst."

„Na und", brummte der Wolf. „Was dagegen?"

„Nein, nein", rief der Rabe und hüpfte vorsichtshalber ein Stückchen beiseite. „Ich wundere mich nur, dass du dich noch mit solchem Babykram abgibst. Hast du denn keine Angst, dass die anderen dich auslachen?"

Schlagartig verlor der Wolf den Spaß an seinem Feuerwehrauto und verschwand in seiner Höhle. „Danke", rief der kleine Rabe und düste mit dem Auto nach Hause. „Etwas MIES MACHEN ist auch kein schlechter Trick!"

Das Eichhörnchen konnte darüber nur den Kopf schütteln. „Also, mir ist das egal, ob die anderen mich auslachen."

Das Eichhörnchen kam langsam ins Schwitzen. Die Bälle wollten einfach nicht in der Luft bleiben!

„Ja, Jonglieren ist eine schwierige Sache", sagte der kleine Rabe. „Aber ich kann dich gut leiden und bin bereit, meine neue Feuerwehrleiter gegen deine Bälle einzuTAUSCHEN." Da freute sich das Eichhörnchen und sprang mit der Leiter davon.

Der Rabe ärgerte sich gerade noch ein bisschen, dass er die Leiter hatte hergeben müssen, als er den Dachs sah, der in einem dicken Buch las.

DACHS

Gleich nahm er die orangene Mütze ab und zupfte die Schafwolle
heraus. „Hier", sagte er zum Dachs, „das ist schöne Wolle. Die
möchte ich mit dir TEILEN. Gibst du mir auch etwas ab?"
Der Dachs wurde ganz verlegen. Er wollte dem kleinen Raben
gerne etwas abgeben, aber er hatte ja nur das eine Buch.
„Na gut!", sagte er schließlich. „Ich habe das Buch ja schon halb
gelesen. Ich geb' es dir, dann kannst du dich am zweiten Teil
erfreuen." Und schon hatte er kein Buch mehr.
Als der Rabe gerade in seinem Nest anfangen wollte zu lesen,
kam der Bär auf einem Dreirad angeflitzt. „Oh, wenn ich das
nicht kriege...", dachte der kleine Rabe.

„Au, au, au!", krächzte er. Der Bär hielt an und schaute hinauf.
„Au, au, au, mein Zahn", krächzte der Rabe wieder.
„Hast du Zahnschmerzen?", brummte der Bär.
„Was sonst", jammerte der Rabe, „au, au, das tut so weh."
„Kann ich dir irgendwie helfen?", fragte der Bär.
„Nein", jammerte der Rabe. „Mir kann niemand helfen. Ich muss
einfach versuchen, meine Zahnschmerzen zu vergessen."
„Na, dann", brummte der Bär und wollte schon weiterfahren. Aber
dann bekam er Mitleid mit dem Raben und er sagte: „Du musst
etwas Schönes machen, dann vergisst du die Schmerzen. Wenn du
vielleicht eine Runde auf meinem Dreirad fahren willst?"
„Ein schöner Vorschlag", dachte der kleine Rabe. „JAMMERN ist ein
guter Trick", und weg war er, und mit ihm das Dreirad.

HIER
WOHNT:
RABE

Da saß der kleine Rabe nun in seinem Nest und hütete seine eroberten Schätze.

„Kommst du runter, spielen?", riefen die Tiere.

„Nein", krächzte der Rabe, „ich muss oben bleiben." Und in Gedanken fügte er hinzu: „Ich bin doch nicht blöd. Ich passe auf! Sonst kommt noch einer und KLAUT etwas oder will meine Schätze KAPUTTMACHEN, TAUSCHEN, und so weiter."

„Wir können ja auch zu dir raufkommen", riefen die Tiere.

Der kleine Rabe breitete erschrocken seine Flügel über den Spielsachen aus. „Nein, nein", krächzte er, „vielleicht ein andermal."

Bald fragten die Tiere nicht mehr. Sie spielten Cowboy und Indianer. Und am nächsten Tag spielten sie Weltraummonster, und am übernächsten spielten sie Verstecken.

Der kleine Rabe spielte derweil mit seinen Schätzen. Aber ewig alleine spielen, war langweilig. Er musste etwas unternehmen, sonst würden ihn die anderen vielleicht sogar noch vergessen. Aber was?

„Mit den anderen teilen, ist blöd!", dachte er. „Eroberte Schätze zurückgeben, ist noch blöder! Aber keine Freunde zum Spielen haben, ist am allerblödsten!"

Also fasste der kleine Rabe einen Entschluss. „He", rief er, „soll ich euch mal die tollen Spielsachen zeigen, die ich … äh … gefunden habe?"